Gebühren-Tabellen

zu der

Gebührenordnung für Rechtsanwälte

in der vom 1. April 1910 ab geltenden Fassung

nebst erläuternden Vorbemerkungen.

Von

Gustav Ziehl,

Amtsgerichtssekretär.

Berlin 1910.

J. Guttentag, Verlagsbuchhandlung,

G. m. b. H.

Vorwort.

Die Tabellen sind herausgegeben in der Absicht, für die Kostenberechnung ein übersichtliches und zuverlässiges Hilfsmittel zu schaffen. Den Tabellen sind, nach Geschäften geordnet und unter Hinweis auf die gesetzlichen Bestimmungen, kurze Angaben darüber vorausgeschickt, welche Gebühren im einzelnen zu erheben sind. Die Tabellen 1 und 2 sind bis 100 000 *M*, 3 und 5 bis 10 000 *M* und Tabelle 4 bis 300 000 *M* vollständig durchgeführt; durch eine weitere Ausdehnung würden sie zu umfangreich werden und an Übersichtlichkeit einbüßen. Für höhere, nur selten vorkommende Werte lassen sich die Gebühren nach den angeführten Beispielen (Seite 9) leicht und sicher ermitteln.

Welche Pauschsätze und welche Schreibgebühren neben den Gebühren anzusetzen sind, ist am Eingang erörtert. Die Frage, ob die Pauschsätze die Eigenschaften der Gebühren oder der Auslagen teilen, ist nicht unzweifelhaft. Ebenso ungeklärt ist die Frage, ob auch die Pauschsätze anzurechnen sind, wenn eine Anrechnung der Gebühren erfolgt, und weiter, ob dann nur Gebühr auf Gebühr und Pauschsatz auf Pauschsatz anzurechnen ist. Es müssen hier die Entscheidungen der Gerichte abgewartet werden.

Berlin, den 8. Mai 1910.

Der Verfasser.

Inhaltsverzeichnis.

Ausdehnung

der Deutschen Gebühren-Ordnung für Rechtsanwälte durch preußisches Landesgesetz.

Nach Artikel 2 des preußischen Gesetzes, enthaltend die landesgesetzlichen Vorschriften über die Gebühren der Rechtsanwälte usw. vom 27. 9. 1899 GesS. S. 381 / 21. 3. 1910 GesS. S. 15*) findet die Deutsche GebO. f. RA. entsprechende Anwendung auf die Berufstätigkeit des RA.

1. in den vor besondere Gerichte gehörigen Rechtssachen, auf welche die Zivilprozeßordnung oder die Strafprozeßordnung Anwendung findet (z. B. die Rheinschiffahrtsgerichte und die Elbzollgerichte);
2. in den nach dem Forstdiebstahlsgesetze vom 15. April 1878 (GesS. S. 222) zu behandelnden Strafsachen;
3. im Verwaltungsstreitverfahren;
4. im Verfahren vor dem Bundesamte für das Heimatwesen;
5. in dem Rechtsmittelverfahren, betreffend die Veranlagung von Staatssteuern;
6. im Verwaltungsstrafverfahren;
7. im Disziplinarverfahren.

Das Verwaltungsstrafverfahren steht kostenrechtlich dem Vorverfahren, das Verfahren vor der entscheidenden Disziplinarbehörde dem Verfahren vor der Strafkammer gleich.

*) Das Gesetz vom 21. März 1910 (ausgegeben zu Berlin am 22. März 1910) hat Gesetzeskraft vom 5. April 1910 ab.

Pauschsatz und Schreibgebühren.

(§ 76.)

a) Der **einzelne Pauschsatz** beträgt

20 vom Hundert

der zum Ansatze gelangenden Gebühr,

jedoch

mindestens 50 Pfennig und höchstens 30 *M*, } Abrundung der Pfennigbeträge auf 10 nach oben,

in der Zwangsvollstreckungsinstanz mindestens 2 *M*.

b) Steht dem als Prozeßbevollmächtigten bestellten Rechtsanwalte nach § 13 Nr. 1, §§ 19, 52 die **Prozeßgebühr** zu, so beträgt die Summe der anzusetzenden Pauschsätze

mindestens 4 *M* und höchstens 50 *M* } in jeder Instanz

und, wenn ihm auch nach § 13 Nr. 4, §§ 19, 52

die **Beweisgebühr** oder nach § 13 Nr. 3, §§ 19, 52

die **Vergleichsgebühr** zusteht,

mindestens 6 *M* und höchstens 60 *M* } in jeder Instanz.

c) Zu der Instanz im Sinne der Pauschsatzbestimmungen gehören über die Vorschriften für die Gebühren hinaus:

1. im Falle der Zurückverweisung einer Sache an das Gericht unterer Instanz das weitere Verfahren vor diesem Gerichte;

2. das Verfahren über den Einspruch gegen ein Versäumnisurteil im Falle der Zurücknahme oder der Verwerfung des Einspruchs;

3. das Verfahren über einen Antrag auf Anordnung, Abänderung oder Aufhebung eines Arrestes oder einer einstweiligen Verfügung, wenn es mit dem Verfahren über die Hauptsache verbunden ist;

4. das ordentliche Verfahren, welches nach Abstandnahme vom Urkunden- oder Wechselprozesse sowie nach dem mit Vorbehalt in demselben erlassenen Urteil anhängig bleibt;
5. das Kostenfestsetzungsverfahren;
6. das Verfahren auf Bestimmung einer Frist zur Rückgabe und auf Anordnung der Rückgabe einer Sicherheit in den Fällen des § 109 Abs. 1, 2 ZPO.

d) In den Fällen der §§ 43 und 45 werden die dem Prozeßbevollmächtigten und dem anderen RA. zustehenden Pauschsätze nach der Summe der beiden Anwälten zustehenden Gebühren berechnet (d. h. die jedem einzeln zustehenden Pauschsätze werden zusammengerechnet). Von dem Betrage dieser Pauschsätze erhält

der Prozeßbevollmächtigte $^2/_3$,

der andere Rechtsanwalt $^1/_3$.

e) Steht dem als Verteidiger oder als Vertreter eines Privatklägers, eines Nebenklägers oder einer Verwaltungsbehörde bestellten RA. die Gebühr für Verteidigung (Vertretung) in der Hauptverhandlung zu, so beträgt der Pauschsatz

mindestens 4 *M*.

f) Aus dem Abhängigkeitsverhältnis des Pauschsatzes zu der Gebühr sowie daraus, daß der Pauschsatz von einer jeden Gebühr ohne Rücksicht auf die erwachsenen „Auslagen" zu erheben ist, muß (trotz der Stellung des § 76 im Auslagenabschnitt des Gesetzes) gefolgert werden, daß der Pauschsatz die Eigenschaft einer Gebühr hat. Bei den Pauschsätzen nach dem D. GKG. ist dies auch ferner daraus zu schließen, daß er in der erschöpfenden Aufzählung der Auslagen im § 79 nicht enthalten ist.

Vgl. auch Allgem. Verf. d. Preußischen Herrn Justizministers vom 19. März 1910 (Änderungen und Ergänzungen der Kassenordnung) — JMBl. S. 119.

g) **Schreibgebühren** können lediglich in den Fällen 1 bis 3 des § 76 Abs. 6 berechnet werden. Die Schreibgebühr beträgt für den Regelfall 20 Pf. für eine Seite, welche mindestens 20 Zeilen von durchschnittlich 12 Silben enthält; jede angefangene Seite wird als voll berechnet.

h) Das **Porto** des RA. (d. h. seiner eigenen Sendungen) fällt unter den Pauschsatz.

Vollmachtstempel in Preußen.

(Tarifstelle 73 LStG.)

Wertgegenstand*) von mehr als 150 M bis einschließlich M	Stempel zur Vollmacht M	Prozeßvollmacht M
500	0,50	0,50
1 000	1	1
3 000	1,50	1,50
6 000	3	2
10 000	5	3
15 000	7,50	4
mehr als 15 000	10	5

Stempel zu einer Generalvollmacht bei einem Werte*) von mehr als 50 000 M jedoch = 20 M.

Ist der Wert einer Vollmacht nicht schätzbar, so beträgt der Stempel 1,50 M.

Steht der Bevollmächtigte in einem Dienstverhältnisse zum Vollmachtgeber, so beträgt der Stempel höchstens 1,50 M.

*) Für die Wertsberechnung sind die Vorschriften des Stempelsteuergesetzes maßgebend.

Tagegelder und Reisekosten

der Rechtsanwälte bei Geschäftsreisen (§ 78).

1. Tagegelder (Kalendertag) . . . . . . 12,00 M
2. Nachtquartier . . . . 5,00 „
3. Fuhrkosten bei einer Entfernung von 2 km und mehr
   a. Eisenbahn (Dampfschiff) für jedes km . 0,13 „
      außerdem für jeden Zu- und Abgang 3,00 „
   b. Landweg für jedes km . . . . . . 0,60 „

   Eine Abrundung auf 8 km findet nicht statt.

Beispiele zur Benutzung der Tabellen.

Prozeßgebühr erster Instanz bei einem Wertgegenstande von 842 650 ℳ.

A.

1.	Gebühr von	100 000 ℳ	. . . .	219,00 ℳ
2.	„ „	+ 700 000 „	(10 · 70 000 ℳ)	700,00 „
3.	„ „	+ 40 000 „	. . . .	40,00 „
4.	„ „	+ 2 650 „	(= 4 000 ℳ) .	4,00 „
	Gebühr von	**842 650** ℳ	. . . .	**963**,00 ℳ

B.

1.	Stammsatz	. . . .	. . . .	119,00 ℳ
2.	Gebühr von	+ 800 000 ℳ	(10 · 80 000 ℳ)	800,00 „
3.	„ „	+ 40 000 „	. . . .	40,00 „
4.	„ „	+ 2 650 „	(= 4 000 ℳ) .	4,00 „
	Gebühr von	**842 650** ℳ	. . . .	**963**,00 ℳ

Bemerkung. Bei der Berechnung B wird die Tabelle auf den Gesamtwert für die Werte von mehr als 100 000 ℳ angewendet und der Betrag (Stammsatz) hinzugerechnet, welcher sich durch Abrechnung der Gebühr für weitere 100 000 ℳ von der Gebühr für die ersten 100 000 ℳ ergibt.

Um sicher zu gehen empfiehlt es sich, die Gebührenberechnung nach beiden Beispielen vorzunehmen.

Anwendungsgebiet der Tabellen 1 bis 3.

A. Bürgerliche Rechtsstreitigkeiten erster Instanz (Tabelle 1).

Grundgebühr volle Gebühr des § 9.

Sühneverfahren (§ 37).

a) $^{3}/_{10}$ Vertretung in dem Verfahren, falls es nicht zum Vergleich kommt.
Anrechnung auf die Prozeßgebühr im Falle der Verhandlung des Rechtsstreits vor dem Amtsgerichte.

b) $^{10}/_{10}$ Vertretung in dem Verfahren, wenn im Falle des § 510c ZPO. ein Vergleich geschlossen ist.

Mahnverfahren (§ 38).

a) $^{10}/_{10}$ für die Vertretung des Gläubigers (Zahlungs- und Vollstreckungsbefehl).

b) $^{2}/_{10}$ für die Erhebung des Widerspruchs.
Anrechnung auf die Prozeßgebühr { zu a mit $^{7}/_{10}$, zu b ganz.

Gewöhnliche Prozesse, Klagen in Ehe-, Kindschafts- und Entmündigungssachen.

a) Prozeßgebühr.

1. $^{10}/_{10}$ für den gesamten Geschäftsbetrieb einschließlich der Information (§ 13 Nr. 1).

   Erhöhung bei nachträglichem Beitritt von Streitgenossen (§ 51).

2. $^{5}/_{10}$ bei Erledigung vor der mündlichen Verhandlung, ohne daß der RA. die Klage eingereicht hat oder einen Schriftsatz hat zustellen lassen (§ 14 Abs. 1).
3. $^{5}/_{10}$ wenn die Tätigkeit des RA. ausschließlich die Erledigung eines bedingten Urteils betrifft (§ 21).
4. $^{5}/_{10}$ falls einem RA. von der Partei oder auf deren Verlangen von ihrem Prozeßbevollmächtigten lediglich die Vertretung in der mündlichen Verhandlung oder die Ausführung der Parteirechte in derselben übertragen ist (§ 43).
5. $^{10}/_{10}$ als Korrespondenzanwalt; jedoch nur $^{5}/_{10}$, falls ihm in unterer Instanz die Korrespondenzgebühr oder die Prozeßgebühr zustand (§ 44).
6. $^{5}/_{10}$ wenn der RA. nur mit der Vertretung in der Beweisaufnahme beauftragt ist (vgl. § 45).
7. $^{5}/_{10}$ wenn der RA. lediglich einen Schriftsatz anfertigt (§ 46).
8. $^{3}/_{10}$ für Raterteilung (§ 47 Abs. 1) seitens des nicht zum Prozeßbevollmächtigten bestellten RA.
9. $^{5}/_{10}$ wenn der RA., welcher mit Einlegung der Berufung oder der Revision beauftragt ist, von der Einlegung abrät und der Auftraggeber seinen Auftrag zurücknimmt (§ 47 Abs. 2).

   Wegen Anrechnung der Gebühren, wegen der Zulässigkeit des Ansatzes mehrerer Gebühren nebeneinander vgl. §§ 27, 29, 48, 49.

b) Verhandlungsgebühr.

1. $^{10}/_{10}$ kontradiktorische Verhandlung (§ 13 Nr. 2).

   Diese Gebühr erhält der RA. auch in Ehesachen, in Prozessen über die Rechtsverhältnisse zwischen Eltern und Kindern, in Entmündigungssachen des Landgerichts, sowie in der Anfechtungsklage gegen eine Todeserklärung, falls der Kläger verhandelt; ferner auch für die Verhandlung im vorbereitenden Verfahren, vgl. § 16.

2. wenn nach der Beweiserhebung im Sinne des § 13 Nr. 4 weiterverhandelt wird und zwar
   - $1^{1}/_{2}$ kontradiktorisch } einschließlich der Verhandlung vor der Beweiserhebung (§ 17).
   - $1^{1}/_{4}$ nicht kontradiktorisch } einschließlich der Verhandlung vor der Beweiserhebung (§ 17).
3. $^{5}/_{10}$ für eine sonstige nicht kontradiktorische Verhandlung (§ 16 Abs. 1; vgl. jedoch unter 1 und 2 vorstehend).

c) Beweisgebühr.

$^{5}/_{10}$ für Vertretung in dem Termine zur Leistung des durch Urteil auferlegten Eides sowie in einem Beweisaufnahmeverfahren im Sinne des § 13 Nr. 4.

d) Vergleichsgebühr.

$^{10}/_{10}$ für Mitwirkung bei einem zur Beilegung des Rechtsstreits geschlossenen Vergleiche (§ 13 Nr. 3).

Urkunden- und Wechselprozesse.

a) $^{6}/_{10}$ Prozeßgebühr, wenn eine kontradiktorische Verhandlung nicht stattfindet (§ 19).

b) $^{3}/_{10}$ Verhandlungsgebühr ($^{6}/_{10}$ von $^{5}/_{10}$) für die nicht kontradiktorische Verhandlung (§ 19).

Im übrigen stehen dem RA. dieselben Gebühren zu wie in gewöhnlichen Prozessen.

Anrechnung der Prozeßgebühr zu a auf die Prozeßgebühr im nachfolgenden ordentlichen Verfahren (§ 28 Abs. 1).

Entmündigungssachen vor dem Amtsgerichte.

Die Sätze für gewöhnliche Prozesse sind mangels anderweiter Bestimmungen entsprechend anzuwenden.

Aufgebotsverfahren.

a) $^{3}/_{10}$ für den Betrieb des Verfahrens, einschließlich der Information (§ 40 Abs. 1 Nr. 1).

b) $^{3}/_{10}$ für den Antrag auf Erlaß des Aufgebots (das. Nr. 2).

c) $^{3}/_{10}$ für den Antrag auf Anordnung der Zahlungssperre, sofern derselbe vor dem Antrag zu 2 gestellt wird (das. Nr. 3).

d) $^{3}/_{10}$ für die Wahrnehmung des Aufgebotstermins (das. Nr. 4);

zu a bis d als Vertreter des Antragstellers.

e) $^{3}/_{10}$ für die gesamte Tätigkeit als Vertreter einer anderen Person als des Antragstellers (§ 40 Abs. 2).

Arreste und einstweilige Verfügungen.

Das Verfahren gilt, auch wenn es mit der Hauptsache verbunden ist, als besonderer Rechtsstreit; es werden die Gebühren wie bei einem gewöhnlichen Prozeß erhoben. $^{5}/_{10}$ der Gebühren sind jedoch auf die entsprechenden Gebühren der Hauptsache anzurechnen (§ 28).

Anträge auf Sicherung des Beweises sowie im schiedsrichterlichen Verfahren (§ 22).

a) $^{5}/_{10}$ Prozeßgebühr,
b) $^{5}/_{10}$ Verhandlungsgebühr,
c) $^{5}/_{10}$ Beweisgebühr,
} bei Sicherung des Beweises jedoch nur, wenn die Hauptsache noch nicht anhängig ist (§ 30 Abs. 1 Nr. 1).

Verteilungsverfahren.

a) $^5/_{10}$ für die Vertretung im ganzen Verfahren (§ 39 Abs. 1);

b) $^3/_{10}$ falls der Auftrag vor dem Termine zur Ausführung der Verteilung erledigt wird (§ 39 Abs. 1).

Kostenfestsetzung.

$^3/_{10}$ für den Antrag auf Kostenfestsetzung (§ 23 Nr. 1, § 30 Abs. 1 Nr. 3 und Abs. 3).

Zwangsvollstreckung.

$^3/_{10}$ für jeden Antrag auf Zwangsvollstreckung (§ 23 Nr. 2, §§ 31 bis 36).

Rückgabe einer Sicherheit (§ 38 Nr. 2 D.GKG.).

$^3/_{10}$ für den Antrag (§ 23 Nr. 1, § 30 Abs. 1 Nr. 3 und Abs. 3).

Beschwerden usw. (§ 41).

a) $^3/_{10}$ §§ 13—17 } Vertretung in der Beschwerdeinstanz.

b) $^3/_{10}$ §§ 13—17 { Vertretung im Verfahren auf Änderung einer Entscheidung des beauftragten oder ersuchten Richters oder des Gerichtsschreibers.

Anrechnung der Prozeßgebühr im Falle der gewöhnlichen, nicht an eine Notfrist gebundenen Beschwerde (§ 41 Abs. 2).

Besondere Arten des Verfahrens, in denen Gebühren nur zum Ansatz kommen, soweit das besondere Verfahren von dem der Hauptsache getrennt ist oder, wenn im gleichzeitig anhängigen Verfahren der Hauptsache entsprechende Gebühren nicht zu erheben sind (vgl. auch §§ 25 bis 30).

a) $^5/_{10}$ §§ 13—17 { Angelegenheiten nach § 26 Nr. 1 bis 8 und 10 (ohne Nr. 9!) D.GKG., welche Seite 22 einzeln aufgeführt sind (§ 20; prozeßhindernde Einreden usw.); Nr. 9: Arreste und einstweilige Verfügungen siehe Seite 11.

b) $^3/_{10}$ §§ 13—17 } Nebenintervention (§ 23 Nr. 1);

c) $^3/_{10}$ §§ 13—17 } vorläufige Einstellung, Beschränkung oder Aufhebung der Zwangsvollstreckung (§ 23 Nr. 1);

d) $^3/_{10}$ §§ 13—17 } die im § 47 Nr. 1 bis 12 D.GKG. bezeichneten (hier nicht besonders aufgeführten) Angelegenheiten (§ 23 Nr. 1);

e) $^2/_{10}$ §§ 13—17 { Erteilung der Vollstreckungsklausel auf Anordnung des Vorsitzenden usw. und die im § 47 Nr. 15 und 16 D.GKG. bezeichneten (hier nicht besonders aufgeführten) Angelegenheiten (§ 24; vgl. jedoch § 35).

B. Konkursverfahren (Tabelle 1).

a) $^{2}/_{10}$ Vertretung des Gemeinschuldners,
b) $^{5}/_{10}$ Vertretung des Gläubigers,
} im Verfahren über einen Antrag auf Eröffnung des Konkursverfahrens (§ 54);

c) $^{6}/_{10}$ Vertretung im ganzen Konkursverfahren (§ 55);

d) $^{4}/_{10}$ Vertretung im Konkursverfahren, falls sie sich vor dem allgem. Prüfungstermin erledigt oder erst nach diesem beginnt (§ 55);

e) $^{10}/_{10}$ für die Tätigkeit

1. bei Prüfung der Forderungen,
2. in dem Zwangsvergleichsverfahren,
3. in dem Verteilungsverfahren,

} und zwar für 1, 2 u. 3 besonders und neben der Gebühr zu c oder d (§ 56 Nr. 1, 2, 3);

f) $^{2}/_{10}$ Anmeldung einer Konkursforderung, falls sich die Tätigkeit des RA. hierauf beschränkt (§ 57).

Für die Vertretung in der **Beschwerdeinstanz** sowie in dem Verfahren über Anträge auf Anordnung von **Sicherheitsmaßregeln** im Falle des § 197 Abs. 2 KO. erhält der RA. die für bürgerliche Rechtsstreitigkeiten bestimmten Gebühren besonders (§ 58). Vgl. unter A: $^{3}/_{10}$ § 41 oder $^{3}/_{10}$ § 23.

Als **Wert** für die Kostenberechnung kommt in Betracht (§ 59)

1. bei Vertretung des Gemeinschuldners stets die Aktivmasse,
2. bei Vertretung eines Konkursgläubigers der Nennwert der Forderung; in den Fällen zu e 1 bis 3 oben (§ 56) sowie im Falle der Beschwerde gegen den Beschluß über die Bestätigung eines Zwangsvergleichs jedoch der Betrag der voraussichtlichen Dividende des Gläubigers gemäß § 148 KO.

C. Bürgerliche Rechtsstreitigkeiten in der Berufungs- und in der Revisionsinstanz (Tabelle 2).

Grundgebühr $1^{3}/_{10}$ der vollen Gebühr des § 9.

In der Berufungs- und in der Revisionsinstanz erhöhen sich die Gebührensätze um $^{3}/_{10}$ (§ 52); mit dieser Maßgabe sind die Vorschriften für die erste Instanz (unter A) entprechend anzuwenden.

D. Erhebung und Ablieferung von Geldern und Wertpapieren (Tabelle 3).

Nach dem Betrage des Geldes oder nach dem Werte der Wertpapiere sind die Gebühren der Tabelle 3 zu erheben (§ 87).

Tabelle 1.

Bürgerliche Rechtsstreitigkeiten erster Instanz und Konkurse.

Grundgebühr volle Gebühr des § 9.

Wertklasse bis einschließlich ℳ	Grundgebühr ℳ	Von der Grundgebühr betragen $1\frac{1}{2}$ ℳ	$1\frac{1}{4}$ ℳ	6/10 ℳ	5/10 ℳ	4/10 ℳ	3/10 ℳ	2/10 ℳ	Wertklasse bis einschließlich ℳ
1	2	3	4	5	6	7	8	9	10
20	2	3	2,50	1,20	1	1	1	1	20
60	3	4,50	3,75	1,80	1,50	1,20	1	1	60
120	4	6	5	2,40	2	1,60	1,20	1	120
200	7	10,50	8,75	4,20	3,50	2,80	2,10	1,40	200
300	10	15	12,50	6	5	4	3	2	300
450	14	21	17,50	8,40	7	5,60	4,20	2,80	450
650	19	28,50	23,75	11,40	9,50	7,60	5,70	3,80	650
900	24	36	30	14,40	12	9,60	7,20	4,80	900
1 200	28	42	35	16,80	14	11,20	8,40	5,60	1 200
1 600	32	48	40	19,20	16	12,80	9,60	6,40	1 600
2 100	36	54	45	21,60	18	14,40	10,80	7,20	2 100
2 700	40	60	50	24	20	16	12	8	2 700
3 400	44	66	55	26,40	22	17,60	13,20	8,80	3 400
4 300	48	72	60	28,80	24	19,20	14,40	9,60	4 300
5 400	52	78	65	31,20	26	20,80	15,60	10,40	5 400
6 700	56	84	70	33,60	28	22,40	16,80	11,20	6 700
8 200	60	90	75	36	30	24	18	12	8 200
10 000	64	96	80	38,40	32	25,60	19,20	12,80	10 000
12 000	68	102	85	40,80	34	27,20	20,40	13,60	12 000
14 000	72	108	90	43,20	36	28,80	21,60	14,40	14 000
16 000	76	114	95	45,60	38	30,40	22,80	15,20	16 000
18 000	80	120	100	48	40	32	24	16	18 000
20 000	84	126	105	50,40	42	33,60	25,20	16,80	20 000
22 000	88	132	110	52,80	44	35,20	26,40	17,60	22 000
24 000	92	138	115	55,20	46	36,80	27,60	18,40	24 000
26 000	96	144	120	57,60	48	38,40	28,80	19,20	26 000
28 000	100	150	125	60	50	40	30	20	28 000
30 000	104	156	130	62,40	52	41,60	31,20	20,80	30 000
32 000	108	162	135	64,80	54	43,20	32,40	21,60	32 000
34 000	112	168	140	67,20	56	44,80	33,60	22,40	34 000

Noch: Tabelle 1. — Bürgerliche Rechtsstreitigkeiten erster Instanz und Konkurse.

Wertklasse bis einschließlich ℳ	Grundgebühr ℳ	Von der Grundgebühr betragen							Wertklasse bis einschließlich ℳ
		1½ ℳ	1¼ ℳ	6/10 ℳ	5/10 ℳ	4/10 ℳ	3/10 ℳ	2/10 ℳ	
1	2	3	4	5	6	7	8	9	10
36 000	116	174	145	69,60	58	46,40	34,80	23,20	36 000
38 000	120	180	150	72	60	48	36	24	38 000
40 000	124	186	155	74,40	62	49,60	37,20	24,80	40 000
42 000	128	192	160	76,80	64	51,20	38,40	25,60	42 000
44 000	132	198	165	79,20	66	52,80	39,60	26,40	44 000
46 000	136	204	170	81,60	68	54,40	40,80	27,20	46 000
48 000	140	210	175	84	70	56	42	28	48 000
50 000	144	216	180	86,40	72	57,60	43,20	28,80	50 000
52 000	147	220,50	183,75	88,20	73,50	58,80	44,10	29,40	52 000
54 000	150	225	187,50	90	75	60	45	30	54 000
56 000	153	229,50	191,25	91,80	76,50	61,20	45,90	30,60	56 000
58 000	156	234	195	93,60	78	62,40	46,80	31,20	58 000
60 000	159	238,50	198,75	95,40	79,50	63,60	47,70	31,80	60 000
62 000	162	243	202,50	97,20	81	64,80	48,60	32,40	62 000
64 000	165	247,50	206,25	99	82,50	66	49,50	33	64 000
66 000	168	252	210	100,80	84	67,20	50,40	33,60	66 000
68 000	171	256,50	213,75	102,60	85,50	68,40	51,30	34,20	68 000
70 000	174	261	217,50	104,40	87	69,60	52,20	34,80	70 000
72 000	177	265,50	221,25	106,20	88,50	70,80	53,10	35,40	72 000
74 000	180	270	225	108	90	72	54	36	74 000
76 000	183	274,50	228,75	109,80	91,50	73,20	54,90	36,60	76 000
78 000	186	279	232,50	111,60	93	74,40	55,80	37,20	78 000
80 000	189	283,50	236,25	113,40	94,50	75,60	56,70	37,80	80 000
82 000	192	288	240	115,20	96	76,80	57,60	38,40	82 000
84 000	195	292,50	243,75	117	97,50	78	58,50	39	84 000
86 000	198	297	247,50	118,80	99	79,20	59,40	39,60	86 000
88 000	201	301,50	251,25	120,60	100,50	80,40	60,30	40,20	88 000
90 000	204	306	255	122,40	102	81,60	61,20	40,80	90 000
92 000	207	310,50	258,75	124,20	103,50	82,80	62,10	41,40	92 000
94 000	210	315	262,50	126	105	84	63	42	94 000

Noch: Tabelle 1. — Bürgerliche Rechtsstreitigkeiten erster Instanz und Konkurse.

Wertklasse bis einschließlich ℳ	Grundgebühr ℳ	Von der Grundgebühr betragen 1½ ℳ	1¼ ℳ	6/10 ℳ	5/10 ℳ	4/10 ℳ	3/10 ℳ	2/10 ℳ	Wertklasse bis einschließlich ℳ
1	2	3	4	5	6	7	8	9	10
96 000	213	319,50	266,25	127,80	106,50	85,20	63,90	42,60	96 000
98 000	216	324	270	129,60	108	86,40	64,80	43,20	98 000
100 000	219	328,50	273,75	131,40	109,50	87,60	65,70	43,80	100 000
usw. **mehr** von weiteren je									usw. **mehr** von weiteren je
+ 2 000	+ 2	+ 3	+ 2,50	+ 1,20	+ 1	+ 0,80	+ 0,60	+ 0,40	+ 2 000
+ 4 000	+ 4	+ 6	+ 5	+ 2,40	+ 2	+ 1,60	+ 1,20	+ 0,80	+ 4 000
+ 6 000	+ 6	+ 9	+ 7,50	+ 3,60	+ 3	+ 2,40	+ 1,80	+ 1,20	+ 6 000
+ 8 000	+ 8	+ 12	+ 10	+ 4,80	+ 4	+ 3,20	+ 2,40	+ 1,60	+ 8 000
+ 10 000	+ 10	+ 15	+ 12,50	+ 6	+ 5	+ 4	+ 3	+ 2	+ 10 000
+ 20 000	+ 20	+ 30	+ 25	+ 12	+ 10	+ 8	+ 6	+ 4	+ 20 000
+ 30 000	+ 30	+ 45	+ 37,50	+ 18	+ 15	+ 12	+ 9	+ 6	+ 30 000
+ 40 000	+ 40	+ 60	+ 50	+ 24	+ 20	+ 16	+ 12	+ 8	+ 40 000
+ 50 000	+ 50	+ 75	+ 62,50	+ 30	+ 25	+ 20	+ 15	+ 10	+ 50 000
+ 60 000	+ 60	+ 90	+ 75	+ 36	+ 30	+ 24	+ 18	+ 12	+ 60 000
+ 70 000	+ 70	+ 105	+ 87,50	+ 42	+ 35	+ 28	+ 21	+ 14	+ 70 000
+ 80 000	+ 80	+ 120	+ 100	+ 48	+ 40	+ 32	+ 24	+ 16	+ 80 000
+ 90 000	+ 90	+ 135	+ 112,50	+ 54	+ 45	+ 36	+ 27	+ 18	+ 90 000
+ 100 000	+ 100	+ 150	+ 125	+ 60	+ 50	+ 40	+ 30	+ 20	+ 100 000
Stammsatz	119	178,50	148,75	71,40	59,50	47,60	35,70	23,80	Stammsatz

Beispiel zur Berechnung bei Werten von mehr als 100 000 ℳ siehe Seite 9.

Tabelle 2.

Bürgerliche Rechtsstreitigkeiten.

Berufungs- und Revisionsinstanz.

Wegen Anwendung der Tabelle siehe Seite 13.

Grundgebühr $1^{3}/_{10}$ der vollen Gebühr des § 9.

Wertklasse bis einschließlich	Grundgebühr	Von der Grundgebühr betragen						Wertklasse bis einschließlich
		$1^{1}/_{2}$	$1^{1}/_{4}$	6/10	5/10	3/10	2/10	
ℳ	ℳ	ℳ	ℳ	ℳ	ℳ	ℳ	ℳ	ℳ
1	2	3	4	5	6	7	8	9
20	2,60	3,90	3,25	1,56	1,30	1	1	20
60	3,90	5,85	4,88	2,34	1,95	1,17	1	60
120	5,20	7,80	6,50	3,12	2,60	1,56	1,04	120
200	9,10	13,65	11,38	5,46	4,55	2,73	1,82	200
300	13	19,50	16,25	7,80	6,50	3,90	2,60	300
450	18,20	27,30	22,75	10,92	9,10	5,46	3,64	450
650	24,70	37,05	30,88	14,82	12,35	7,41	4,94	650
900	31,20	46,80	39	18,72	15,60	9,36	6,24	900
1 200	36,40	54,60	45,50	21,84	18,20	10,92	7,28	1 200
1 600	41,60	62,40	52	24,96	20,80	12,48	8,32	1 600
2 100	46,80	70,20	58,50	28,08	23,40	14,04	9,36	2 100
2 700	52	78	65	31,20	26	15,60	10,40	2 700
3 400	57,20	85,80	71,50	34,32	28,60	17,16	11,44	3 400
4 300	62,40	93,60	78	37,44	31,20	18,72	12,48	4 300
5 400	67,60	101,40	84,50	40,56	33,80	20,28	13,52	5 400
6 700	72,80	109,20	91	43,68	36,40	21,84	14,56	6 700
8 200	78	117	97,50	46,80	39	23,40	15,60	8 200
10 000	83,20	124,80	104	49,92	41,60	24,96	16,64	10 000
12 000	88,40	132,60	110,50	53,04	44,20	26,52	17,68	12 000
14 000	93,60	140,40	117	56,16	46,80	28,08	18,72	14 000
16 000	98,80	148,20	123,50	59,28	49,40	29,64	19,76	16 000
18 000	104	156	130	62,40	52	31,20	20,80	18 000
20 000	109,20	163,80	136,50	65,52	54,60	32,76	21,84	20 000
22 000	114,40	171,60	143	68,64	57,20	34,32	22,88	22 000
24 000	119,60	179,40	149,50	71,76	59,80	35,88	23,92	24 000
26 000	124,80	187,20	156	74,88	62,40	37,44	24,96	26 000
28 000	130	195	162,50	78	65	39	26	28 000
30 000	135,20	202,80	169	81,12	67,60	40,56	27,04	30 000
32 000	140,40	210,60	175,50	84,24	70,20	42,12	28,08	32 000
34 000	145,60	218,40	182	87,36	72,80	43,68	29,12	34 000

Noch: Tabelle 2. — Bürgerliche Rechtsstreitigkeiten. Berufungs- und Revisionsinstanz.

Wertklasse bis einschließlich	Grundgebühr	Von der Grundgebühr betragen						Wertklasse bis einschließlich
		1½	1¼	6/10	5/10	3/10	2/10	
M	M	M	M	M	M	M	M	M
1	2	3	4	5	7	7	8	9
36 000	150,80	226,20	188,50	90,48	75,40	45,24	30,16	36 000
38 000	156	234	195	93,60	78	46,80	31,20	38 000
40 000	161,20	241,80	201,50	96,72	80,60	48,36	32,24	40 000
42 000	166,40	249,60	208	99,84	83,20	49,92	33,28	42 000
44 000	171,60	257,40	214,50	102,96	85,80	51,48	34,32	44 000
46 000	176,80	265,20	221	106,08	88,40	53,04	35,36	46 000
48 000	182	273	227,50	109,20	91	54,60	36,40	48 000
50 000	187,20	280,80	234	112,32	93,60	56,16	37,44	50 000
52 000	191,10	286,65	238,88	114,66	95,55	57,33	38,22	52 000
54 000	195	292,50	243,75	117	97,50	58,50	39	54 000
56 000	198,90	298,35	248,63	119,34	99,45	59,67	39,78	56 000
58 000	202,80	304,20	253,50	121,68	101,40	60,84	40,56	58 000
60 000	206,70	310,05	258,38	124,02	103,35	62,01	41,34	60 000
62 000	210,60	315,90	263,25	126,36	105,30	63,18	42,12	62 000
64 000	214,50	321,75	268,13	128,70	107,25	64,35	42,90	64 000
66 000	218,40	327,60	273	131,04	109,20	65,52	43,68	66 000
68 000	222,30	333,45	277,88	133,38	111,15	66,69	44,46	68 000
70 000	226,20	339,30	282,75	135,72	113,10	67,86	45,24	70 000
72 000	230,10	345,15	287,63	138,06	115,05	69,03	46,02	72 000
74 000	234	351	292,50	140,40	117	70,20	46,80	74 000
76 000	237,90	356,85	297,38	142,74	118,95	71,37	47,58	76 000
78 000	241,80	362,70	302,25	145,08	120,90	72,54	48,36	78 000
80 000	245,70	368,55	307,13	147,42	122,85	73,71	49,14	80 000
82 000	249,60	374,40	312	149,76	124,80	74,88	49,92	82 000
84 000	253,50	380,25	316,88	152,10	126,75	76,05	50,70	84 000
86 000	257,40	386,10	321,75	154,44	128,70	77,22	51,48	86 000
88 000	261,30	391,95	326,63	156,78	130,65	78,39	52,26	88 000
90 000	265,20	397,80	331,50	159,12	132,60	79,56	53,04	90 000
92 000	269,10	403,65	336,38	161,46	134,55	80,73	53,82	92 000
94 000	273	409,50	341,25	163,80	136,50	81,90	54,60	94 000

Noch: Tabelle 2. — Bürgerliche Rechtsstreitigkeiten. Berufungs- und Revisionsinstanz.

Wertklasse bis einschließlich M	Grundgebühr M	Von der Grundgebühr betragen 1½ M	1¼ M	6/10 M	5/10 M	3/10 M	2/10 M	Wertklasse bis einschließlich M
1	2	3	4	5	6	7	8	9
96 000	276,90	415,35	346,13	166,14	138,45	83,07	55,38	96 00
98 000	280,80	421,20	351	168,48	140,40	84,24	56,16	98 000
100 000	284,70	427,05	355,88	170,82	142,35	85,41	56,94	100 000
usw. mehr von weiteren je								usw. mehr von weiteren je
+ 2 000	+ 2,60	+ 3,90	+ 3,25	+ 1,56	+ 1,30	+ 0,78	+ 0,52	+ 2 000
+ 4 000	+ 5,20	+ 7,80	+ 6,50	+ 3,12	+ 2,60	+ 1,56	+ 1,04	+ 4 000
+ 6 000	+ 7,80	+ 11,70	+ 9,75	+ 4,68	+ 3,90	+ 2,34	+ 1,56	+ 6 000
+ 8 000	+ 10,40	+ 15,60	+ 13	+ 6,24	+ 5,20	+ 3,12	+ 2,08	+ 8 000
+ 10 000	+ 13	+ 19,50	+ 16,25	+ 7,80	+ 6,50	+ 3,90	+ 2,60	+ 10 000
+ 20 000	+ 26	+ 39	+ 32,50	+ 15,60	+ 13	+ 7,80	+ 5,20	+ 20 000
+ 30 000	+ 39	+ 58,50	+ 48,75	+ 23,40	+ 19,50	+ 11,70	+ 7,80	+ 30 000
+ 40 000	+ 52	+ 78	+ 65	+ 31,20	+ 26	+ 15,60	+ 10,40	+ 40 000
+ 50 000	+ 65	+ 97,50	+ 81,25	+ 39	+ 32,50	+ 19,50	+ 13	+ 50 000
+ 60 000	+ 78	+ 117	+ 97,50	+ 46,80	+ 39	+ 23,40	+ 15,60	+ 60 000
+ 70 000	+ 91	+ 136,50	+ 113,75	+ 54,60	+ 45,50	+ 27,30	+ 18,20	+ 70 000
+ 80 000	+ 104	+ 156	+ 130	+ 62,40	+ 52	+ 31,20	+ 20,80	+ 80 000
+ 90 000	+ 117	+ 175,50	+ 146,25	+ 70,20	+ 58,50	+ 35,10	+ 23,40	+ 90 000
+ 100 000	+ 130	+ 195	+ 162,50	+ 78	+ 65	+ 39	+ 26	+ 100 000
Stammsatz	154,70	232,05	193,38	92,82	77,35	46,41	30,94	Stammsatz

Beispiel zur Berechnung bei Werten von mehr als 100 000 M siehe Seite 9.

Tabelle 3.

Erhebung und Ablieferung von Geldern und Wertpapieren.

Wegen Anwendung der Tabelle siehe Seite 13.

Summe (Wert) bis einschl. ℳ	Gebühr § 87 bei Geldern ℳ	Gebühr § 87 bei Wertpapieren ℳ
1	2	3
100	1	0,50
200	2	1
300	3	1,50
400	4	2
500	5	2,50
600	6	3
700	7	3,50
800	8	4
900	9	4,50
1 000	10	5
1 100	10,50	5,25
1 200	11	5,50
1 300	11,50	5,75
1 400	12	6
1 500	12,50	6,25
1 600	13	6,50
1 700	13,50	6,75
1 800	14	7
1 900	14,50	7,25
2 000	15	7,50
2 100	15,50	7,75
2 200	16	8
2 300	16,50	8,25
2 400	17	8,50
2 500	17,50	8,75
2 600	18	9
2 700	18,50	9,25
2 800	19	9,50
2 900	19,50	9,75
3 000	20	10
3 100	20,50	10,25
3 200	21	10,50
3 300	21,50	10,75
3 400	22	11
3 500	22,50	11,25
3 600	23	11,50
3 700	23,50	11,75
3 800	24	12

Summe (Wert) bis einschl. ℳ	Gebühr § 87 bei Geldern ℳ	Gebühr § 87 bei Wertpapieren ℳ
1	2	3
3 900	24,50	12,25
4 000	25	12,50
4 100	25,50	12,75
4 200	26	13
4 300	26,50	13,25
4 400	27	13,50
4 500	27,50	13,75
4 600	28	14
4 700	28,50	14,25
4 800	29	14,50
4 900	29,50	14,75
5 000	30	15
5 100	30,50	15,25
5 200	31	15,50
5 300	31,50	15,75
5 400	32	16
5 500	32,50	16,25
5 600	33	16,50
5 700	33,50	16,75
5 800	34	17
5 900	34,50	17,25
6 000	35	17,50
6 100	35,50	17,75
6 200	36	18
6 300	36,50	18,25
6 400	37	18,50
6 500	37,50	18,75
6 600	38	19
6 700	38,50	19,25
6 800	39	19,50
6 900	39,50	19,75
7 000	40	20
7 100	40,50	20,25
7 200	41	20,50
7 300	41,50	20,75
7 400	42	21
7 500	42,50	21,25
7 600	43	21,50

Summe (Wert) bis einschließlich ℳ	Gebühr § 87 bei Geldern ℳ	Gebühr § 87 bei Wertpapieren ℳ
1	2	3
7 700	43,50	21,75
7 800	44	22
7 900	44,50	22,25
8 000	45	22,50
8 100	45,50	22,75
8 200	46	23
8 300	46,50	23,25
8 400	47	23,50
8 500	47,50	23,75
8 600	48	24
8 700	48,50	24,25
8 800	49	24,50
8 900	49,50	24,75
9 000	50	25
9 100	50,50	25,25
9 200	51	25,50
9 300	51,50	25,75
9 400	52	26
9 500	52,50	26,25
9 600	53	26,50
9 700	53,50	26,75
9 800	54	27
9 900	54,50	27,25
10 000	55	27,50
usw. **mehr** von weiteren je		
+ 100	+ 0,25	+ 0,125
+ 200	+ 0,50	+ 0,25
+ 300	+ 0,75	+ 0,375
+ 400	+ 1	+ 0,50
+ 500	+ 1,25	+ 0,625
+ 600	+ 1,50	+ 0,75
+ 700	+ 1,75	+ 0,875
+ 800	+ 2	+ 1
+ 900	+ 2,25	+ 1,125
+ 1 000	+ 2,50	+ 1,25
Stammsatz	30	15

Berechnung bei Werten von mehr als 10 000 ℳ nach Anleitung des Beispiels auf Seite 9.

Strafsachen.

1. Öffentliches Verfahren.

Verteidigung in der Hauptverhandlung erster Instanz (§ 63)

vor dem Schöffengerichte	12 *M*	für den ersten Tag, für jeden weiteren Tag der Hauptverhandlung die Hälfte mehr (§ 64 Abs. 1).
vor der Strafkammer	20 „	
vor dem Schwurgericht oder dem Reichsgerichte	40 „	

In der Berufungs- und in der Revisionsinstanz erhält der RA. die gleiche Gebühr nach der Ordnung des erkennenden Gerichts erster Instanz (§ 66).

2. Privatklageverfahren.

Verteidigung in der Hauptverhandlung jeder Instanz (§ 63)
ohne Rücksicht auf die Zahl der Tage (§ 64 Abs. 2) . . . 12 *M*,
falls eine Beweisaufnahme stattfindet (§§ 63, 65, 66) . . 18 „ .

3. Vorverfahren (§ 67; auch im Falle einer Privatklage usw.).

Verteidigung (Vertretung) in Sachen, welche gehören

zur Zuständigkeit	der Schöffengerichte	6 *M*,
	der Strafkammer	10 „ ,
	der Schwurgerichte oder des Reichsgerichts . . .	20 „ .

Anfertigung einer Privatklage fällt unter § 67 Nr. 1 (§ 73 Abs. 2) = 6 *M*.

Anfertigung eines Antrags an das Oberlandesgericht oder das Reichsgericht auf gerichtliche Entscheidung im Falle des § 170 StPO. fällt unter § 67 (§ 74).

4. Anfertigung

a) einer Schrift zur Rechtfertigung der Berufung,
b) einer Schrift zur Begründung der Revision,
c) eines Wiederaufnahmeantrags,
d) eines Gnadengesuchs,

} 6 *M*, 10 *M* oder 20 *M*, je nachdem ob das Schöffengericht, die Strafkammer oder das Schwurgericht (Reichsgericht) in erster Instanz erkannt hat (§ 68).

Bei a und b ist die Gebühr für Einlegung des Rechtsmittels (§ 69) anzurechnen (§ 71).

5. Für **Einlegung eines Rechtsmittels** sowie für Anfertigung anderer, als der unter 4 bezeichneten Anträge, Gesuche und Erklärungen erhält der RA. je 2 *M* (§ 69; vgl. § 70).

6. Vertretung eines **Privatklägers** oder **Nebenklägers** usw.

Die Vorschriften über die Gebühren für Verteidigung finden entsprechende Anwendung (§ 73).

Bei Verteidigung (Vertretung) **mehrerer Beschuldigter** (Privatkläger usw.) erhöhen sich die Gebühren um $^{5}/_{10}$ (§ 72).

Kostenfestsetzung und Zwangsvollstreckung wie in bürgerlichen Rechtsstreitigkeiten (§ 75).

Zu Seite 12.

Die Akte des **§ 26 Nr. 1 bis 8 und 10 d. GKG.** sind:

1. prozeßhindernde Einreden;
2. Unzuständigkeit des Gerichts, Unzulässigkeit des Rechtsweges, Mangel der Parteifähigkeit, der Prozeßfähigkeit, der Legitimation eines gesetzlichen Vertreters oder der erforderlichen Ermächtigung zur Prozeßführung, sofern dieselben von Amtswegen berücksichtigt sind;
3. Entlassung des Beklagten aus dem Rechtsstreit oder Übernahme des Rechtsstreits durch den Rechtsnachfolger;
4. Aufnahme eines unterbrochenen oder ausgesetzten Verfahrens;
5. Zulässigkeit der Wiedereinsetzung in den vorigen Stand, der Berufung, Revision oder der Wiederaufnahme des Verfahrens oder Zurücknahme eines Rechtsmittels;
6. Einspruch sowie gegen ein Versäumnisurteil eingelegte Rechtsmittel;
7. vorläufige Vollstreckbarkeit eines Urteils;
8. Erteilung der Vollstreckungsklausel, sofern sie im Wege der Klage beantragt oder angefochten wird, oder Einwendungen gegen die Zwangsvollstreckung, welche den Anspruch selbst betreffen, sofern der § 767 Abs. 2 oder § 796 Abs. 2 ZPO. Anwendung findet, oder Zulassung der Zwangsvollstreckung aus dem Urteil eines ausländischen Gerichts oder aus einem Schiedsspruche;
9. . . . . . .
10. Unzulässigkeit des schiedsrichterlichen Verfahrens oder Aufhebung eines Schiedsspruchs.

Anhang.

Landesgesetzliche Vorschriften Preußens über die Gebühren der Rechtsanwälte.

Anwendungsgebiet.

Soweit die Vergütung der Rechtsanwälte nicht reichsgesetzlich geregelt ist, findet in Preußen das Gesetz, enthaltend die landesgesetzlichen Vorschriften über Gebühren der Rechtsanwälte usw. vom $\frac{\text{27. 9. 99 GesS. S. 381}}{\text{21. 3. 10 GesS. S. 15*)}}$ Anwendung.

Pauschsatz und Schreibgebühren.

(Artikel 14a.)

a) Der **einzelne Pauschsatz** beträgt unter Abrundung auf 10 nach oben

20 vom Hundert

der zum Ansatze gelangenden Gebühr,

mindestens 1 *M*

und

höchstens 20 *M*,

in den Fällen der **Artikel 4 bis 7** (Zwangsversteigerung, Zwangsverwaltung, Verteilungsverfahren nach Artikel 6, Zwangsliquidation einer Bahneinheit) jedoch

mindestens 2 *M*

und

höchstens 30 *M*.

b) Stehen dem RA. in derselben Angelegenheit die nach den **Artikeln 8 bis 11** (Schriftsätze, Termine, Rat und Besprechung) anzusetzenden Gebühren mehrfach oder nebeneinander zu, so beträgt der Pauschsatz von dem gemäß Artikel 10 und 12 zu berechnenden Gesamtbetrage der Gebühren unter Abrundung auf 10 nach oben

mindestens 3 *M*

und

höchstens 50 *M*.

---

*) Das Gesetz v. 21. 3. 10 (ausgegeben zu Berlin am 22. 3. 10) hat Gesetzeskraft vom 5. 4. 10 ab.

c) Neben den Pauschsätzen stehen dem RA. **Schreibgebühren** in der auf Seite 7 angegebenen Höhe zu:
   1. für die auf besonderes Verlangen gefertigten Abschriften;
   2. für ein Schreibwerk, soweit es außerhalb des Rahmens einer gebührenpflichtigen Tätigkeit entsteht.

d) Das **Porto** des RA. (d. h. seiner eigenen Sendungen) fällt unter den Pauschsatz.

Soweit **Artikel 13** (Angelegenheiten der nichtstreitigen Rechtspflege) in Frage kommt, werden die Herstellung des Schreibwerks und die Auslagen an Postgebühren nach den für die Notare geltenden Vorschriften vergütet. Die Pauschalierung ist für die GebO. der Notare noch nicht eingeführt; ein entsprechender Gesetzentwurf ist aber dem Landtage bereits vorgelegt und die Pauschalierung mit 10 vom Hundert einer jeden Gebühr (Mindestsatz 50 Pf., Höchstsatz 20 M) in Aussicht genommen.

Anwendungsgebiet der Tabelle 4.

Angelegenheiten der streitigen Rechtspflege.

Grundgebühr: volle Gebühr des Artikels 3.

Zwangsversteigerung.

a) 3/10 Vertretung bis zur Einleitung des Verteilungsverfahrens (Art. 4 Abs. 1 Nr. 1);

b) 3/10 Vertretung im Verteilungsverfahren (Art. 4 Abs. 1 Nr. 2, auch für Mitwirkung bei einer außergerichtlichen Verteilung, Art. 4, Abs. 3);

c) 3/10 als Vertreter des Antragstellers für Wahrnehmung des Versteigerungstermins (Art. 4 Abs. 2).

Zwangsverwaltung.

a) 2/10 jährlich Vertretung des Gläubigers, des Schuldners oder des Konkursverwalters einschließlich der Vertretung im Verteilungsverfahren (Art. 5 Abs. 1; siehe auch unter c);

b) 3/10 Vertretung eines anderen Beteiligten im Verteilungsverfahren; einmalige Gebühr, nicht jährlich (Art. 6);

c) 3/10 Vertretung des Antragstellers; einmalige Gebühr, nicht jährlich, neben der Gebühr zu a (Art. 5 Abs. 2).

Wenn sich die Tätigkeit des RA. auf die Vertretung iu dem Verfahren wegen Anordnung der Zwangsverwaltung beschränkt, erhält er nur 3/10 der vollen Gebühr (Art. 5 Abs. 3).

Andere Verteilungsverfahren (außerhalb einer Zwangsversteigerung oder einer Zwangsverwaltung).

$^3/_{10}$ Vertretung in dem Verteilungsverfahren (Art. 6, wie Art. 4 Abs. 1 Nr. 2).

Zwangsliquidation einer Bahneinheit.

a) $^3/_{10}$ Vertretung eines Beteiligten (Art. 7);

b) $^3/_{10}$ Vertretung des Antragstellers — neben der Gebühr zu a — in der Versammlung der Bahnpfandgläubiger (Art. 7).

Schriftsätze.

a) $^2/_{10}$ Anträge, Erklärungen und Beschwerden bei Behörden (Art. 8 Abs. 1).

Hat der RA. die einem Antrag oder einer Erklärung zu Grunde liegende Urkunde entworfen, so steht ihm für den Antrag (Erklärung) eine Gebühr nur zu, wenn sie auch dem Notar nach § 9 Abs. 2 GebO. f. Notare zustehen würde, und zwar dann in gleicher Höhe (Art. 8 Abs. 2).

b) $^1/_{10}$ Schreiben an Privatpersonen (Art. 9 Abs. 1).

Wegen Schreiben an den Auftraggeber siehe Art. 9 Abs. 2.

Zu a und b: Wegen des Gesamtbetrags vgl. Art. 12.

Termine.

a) $^3/_{10}$ Wahrnehmung eines Termins (des ersten) } Art. 10 Abs. 1.

b) $^2/_{10}$ Wahrnehmung eines ferneren Termins } Art. 10 Abs. 1.

Die Summe der Gebühren zu a und b in einer Instanz darf nicht mehr betragen, als die volle Gebühr des Art. 3 (Art. 10 Abs. 2).

Rat und Besprechung.

$^1/_{10}$ Erteilung eines Rates sowie für eine Besprechung, falls nicht eine Gebühr nach Art. 8 bis 10 anzusetzen ist (Art. 11).

Wegen des Gesamtbetrags vgl. Art. 12.

Tabelle 4.

Landesgesetzliche Gebühren der Rechtsanwälte in Preußen.

Art. 3 des Gesetzes vom $\frac{\text{27. 9. 99 (GesS. S. 381)}}{\text{21. 3. 10 (GesS. S. 15)}}$.

Wertklasse bis einschließlich ℳ	Grundgebühr ℳ	Bruchteile der Grundgebühr 3/10 ℳ	2/10 ℳ	1/10 ℳ
1	2	3	4	5
20	2	1	1	1
60	3	1	1	1
120	4	1,20	1	1
200	7	2,10	1,40	1
300	10	3	2	1
450	14	4,20	2,80	1,40
650	19	5,70	3,80	1,90
900	24	7,20	4,80	2,40
1 200	28	8,40	5,60	2,80
1 600	32	9,60	6,40	3,20
2 100	36	10,80	7,20	3,60
2 700	40	12	8	4
3 400	44	13,20	8,80	4,40
4 300	48	14,40	9,60	4,80
5 400	52	15,60	10,40	5,20
6 700	56	16,80	11,20	5,60
8 200	60	18	12	6
10 000	64	19,20	12,80	6,40
12 500	68	20,40	13,60	6,80
15 000	72	21,60	14,40	7,20
17 500	76	22,80	15,20	7,60
20 000	80	24	16	8
25 000	85	25,50	17	8,50
30 000	90	27	18	9
35 000	95	28,50	19	9,50
40 000	100	30	20	10
45 000	105	31,50	21	10,50
50 000	110	33	22	11
55 000	115	34,50	23	11,50
60 000	120	36	24	12
65 000	125	37,50	25	12,50
70 000	130	39	20	13
75 000	135	40,50	27	13,50
80 000	140	42	28	14
85 000	145	43,50	29	14,50
90 000	150	45	30	15
95 000	155	46,50	31	15,50
100 000	160	48	32	16
110 000	165	49,50	33	16,50
120 000	170	51	34	17
130 000	175	52,50	35	17,50
140 000	180	54	36	18
150 000	185	55,50	37	18,50
160 000	190	57	38	19
170 000	195	58,50	39	19,50
180 000	200	60	40	20
190 000	205	61,50	41	20,50
200 000	210	63	42	21
210 000	215	64,50	43	21,50
220 000	220	66	44	22
230 000	225	67,50	45	22,50
240 000	230	69	46	23
250 000	235	70,50	47	23,50
260 000	240	72	48	24
270 000	245	73,50	49	24,50
280 000	250	75	50	25
290 000	255	76,50	51	25,50
300 000	260	78	52	26
usw. **mehr** bis 1 000 000 von weiteren je				
+ 25 000	+ 5	+ 1,50	+ 1	+ 0,50
+ 50 000	+ 10	+ 3	+ 2	+ 1
+ 75 000	+ 15	+ 4,50	+ 3	+ 1,50
+ 100 000	+ 20	+ 6	+ 4	+ 2
+ 200 000	+ 40	+ 12	+ 8	+ 4
+ 300 000	+ 60	+ 18	+ 12	+ 6
+ 400 000	+ 80	+ 24	+ 16	+ 8
+ 500 000	+ 100	+ 30	+ 20	+ 10

Noch: Tabelle 4 Art. 3 der landesges. (preuß.) Vorschriften über die Gebühren der RA.

Wertklasse bis einschließlich ℳ	Grundgebühr ℳ	Bruchteile der Grundgebühr 3/10 ℳ	2/10 ℳ	1/10 ℳ
1	2	3	4	5
+ 600 000	+ 120	+ 36	+ 24	+ 12
+ 700 000	+ 140	+ 42	+ 28	+ 14
also bei 1 000 000	400	120	80	40
darüber von weiteren je				
+ 50 000	+ 5	+ 1,50	+ 1	+ 0,50
+ 100 000	+ 10	+ 3	+ 2	+ 1
+ 200 000	+ 20	+ 6	+ 4	+ 2
+ 300 000	+ 30	+ 9	+ 6	+ 3

Wertklasse bis einschließlich ℳ	Grundgebühr ℳ	Bruchteile der Grundgebühr 3/10 ℳ	2/10 ℳ	1/10 ℳ
1	2	3	4	5
+ 400 000	+ 40	+ 12	+ 8	+ 4
+ 500 000	+ 50	+ 15	+ 10	+ 5
+ 600 000	+ 60	+ 18	+ 12	+ 6
+ 700 000	+ 70	+ 21	+ 14	+ 7
+ 800 000	+ 80	+ 24	+ 16	+ 8
+ 900 000	+ 90	+ 27	+ 18	+ 9
+ 1 000 000	+ 100	+ 30	+ 20	+ 10
Stammsatz*)	300	90	60	30

*) Der Stammsatz bezieht sich nur auf die Werte von mehr als 1 000 000 ℳ.

Für die Werte von 300 000 ℳ bis 1 000 000 ℳ ist nur das Beispiel A, für die Werte von mehr als 1 000 000 ℳ sind die Beispiele A und B auf Seite 9 sinngemäß anzuwenden.

Angelegenheiten der nichtstreitigen Rechtspflege (Art. 13).

Auf die Anfertigung des Entwurfs eines Rechtsgeschäfts und die Vermittlung einer Auseinandersetzung sowie auf den Empfang, die Verwahrung und die Auszahlung von Geldern und Wertpapieren in Angelegenheiten, die nicht zur streitigen Rechtspflege gehören, findet die GebO. für Notare entsprechende Anwendung (Art. 13).

Der Entwurf eines Gesetzes, betr. Abänderung der GebO. f. Notare, und der Entwurf eines Gesetzes, betr. Abänderung des Pr.GKG., dessen Vorschriften auch für die Gebühren der Notare maßgebend sind, unterliegen z. Z. den Beratungen des Landtags.

Die Tabelle 5 ergibt die Gebühren für den Empfang, die Verwahrung und die Auszahlung von Geldern und Wertpapieren in Angelegenheiten der nichtstreitigen Rechtspflege. (§ 13 Geb.O. f. Notare.)

Von der Grundgebühr der Tabelle 5 sind hiernach zu erheben:

	bei Geldern	bei Wertpapieren
1. im Falle des Empfanges zur Auszahlung (Ablieferung) an dritte Personen für Rechnung des Auftraggebers	10/10	5/10
2. im Falle der Erhebung von dritten Personen für Rechnung des Auftraggebers	20/10	10/10.

Eine Änderung dieser Gebühren ist nach dem dem Landtage vorliegenden Regierungsentwurfe nicht beabsichtigt.

Tabelle 5.

Erhebung und Auszahlung (Ablieferung) von Geldern (Wertpapieren) in Angelegenheiten der nichtstreitigen Rechtspflege.

(Art. 13 d. landesgesetzl. Geb.-Vorschr. f. RA. u. § 13 Geb.O. f. Notare in Preußen.)

Wert bis einschließl. ℳ	Gebühr 10/10 ℳ	Gebühr 20/10 ℳ	Gebühr 5/10 ℳ
1	2	3	4
50	0,40	0,80	0,20
100	0,60	1,20	0,30
150	0,80	1,60	0,40
200	1	2	0,50
250	1,20	2,40	0,60
300	1,40	2,80	0,70
350	1,60	3,20	0,80
400	1,80	3,60	0,90
500	2	4	1
600	2,20	4,40	1,10
700	2,40	4,80	1,20
800	2,60	5,20	1,30
900	2,80	5,60	1,40
1 000	3	6	1,50
1 200	3,20	6,40	1,60
1 400	3,40	6,80	1,70
1 600	3,60	7,20	1,80
1 800	3,80	7,60	1,90
2 000	4	8	2
2 200	4,20	8,40	2,10
2 400	4,40	8,80	2,20
2 600	4,60	9,20	2,30
2 800	4,80	9,60	2,40
3 000	5	10	2,50
3 200	5,20	10,40	2,60
3 400	5,40	10,80	2,70
3 600	5,60	11,20	2,80
3 800	5,80	11,60	2,90
4 000	6	12	3
4 200	6,20	12,40	3,10
4 400	6,40	12,80	3,20
4 600	6,60	13,20	3,30
4 800	6,80	13,60	3,40
5 000	7	14	3,50
5 200	7,20	14,40	3,60
5 400	7,40	14,80	3,70
5 600	7,60	15,20	3,80
5 800	7,80	15,60	3,90
6 000	8	16	4
6 200	8,20	16,40	4,10
6 400	8,40	16,80	4,20
6 600	8,60	17,20	4,30
6 800	8,80	17,60	4,40
7 000	9	18	4,50
7 200	9,20	18,40	4,60
7 400	9,40	18,80	4,70
7 600	9,60	19,20	4,80
7 800	9,80	19,60	4,90
8 000	10	20	5
8 200	10,20	20,40	5,10
8 400	10,40	20,80	5,20
8 600	10,60	21,20	5,30
8 800	10,80	21,60	5,40
9 000	11	22	5,50
9 200	11,20	22,40	5,60
9 400	11,40	22,80	5,70
9 600	11,60	23,20	5,80
9 800	11,80	23,60	5,90
10 000	12	24	6
usw. **mehr** von weiteren je			
+ 500	+ 0,20	+ 0,40	+ 0,10
+ 1 000	+ 0,40	+ 0,80	+ 0,20
+ 2 000	+ 0,80	+ 1,60	+ 0,40
+ 3 000	+ 1,20	+ 2,40	+ 0,60
+ 4 000	+ 1,60	+ 3,20	+ 0,80
+ 5 000	+ 2	+ 4	+ 1
+ 6 000	+ 2,40	+ 4,80	+ 1,20
+ 7 000	+ 2,80	+ 5,60	+ 1,40
+ 8 000	+ 3,20	+ 6,40	+ 1,60
+ 9 000	+ 3,60	+ 7,20	+ 1,80
+ 10 000	+ 4	+ 8	+ 2
Stammsatz	8	16	4

Berechnung bei Werten von mehr als 10 000 ℳ nach Anleitung des Beispiels auf Seite 9.

Druck von Otto Walter in Berlin S. 14.

Nachtrag

zu den

vom Amtsgerichtssekretär Ziehl herausgegebenen

Gebühren-Tabellen

zu der

Gebührenordnung für Rechtsanwälte.

Nach dem **Artikel IX des Gesetzes**, betreffend die **Zuständigkeit des Reichsgerichts**, vom 22. Mai 1910 (RGBl. S. 767) sind für **bürgerliche Rechtsstreitigkeiten in der Revisionsinstanz**

die Rechtsanwaltsgebühren auf $1^5/_{10}$ der Gebühren erster Instanz

festgesetzt. Diese Änderung findet auf alle Rechtsmittel gegen die Entscheidungen der Oberlandesgerichte Anwendung, welche am **1. Juni 1910** oder später verkündet oder von Amts wegen zugestellt werden (Art. XI).

Noch eine geraume Zeit werden mithin die alten Gebühren Anwendung finden. Soweit die neuen Gebühren zu erheben sind, greifen folgende Ergänzungen Platz:

1. Seite 13 ist als Abschnitt C. zu setzen:

   C. Bürgerliche Rechtsstreitigkeiten in der Berufungs- und in der Revisionsinstanz (Tabellen 2 und 2a (neu)).

   Berufungsinstanz: Grundgebühr $1^3/_{10}$ der vollen Gebür des § 9 (Tabelle 2 Seite 17).

   Revisionsinstanz: Grundgebühr $1^5/_{10}$ der vollen Gebühr des § 9 (Tabelle 2a (neu) Seite 30).

   Unter Berücksichtigung dieser Grundgebühren sind die Vorschriften für die erste Instanz (unter A Seite 9 ff.) entsprechend anzuwenden.

9. Seite 17, 18 und 19 ist am Kopfe der Tabelle 2 statt der Worte „Berufungs- und Revisionsinstanz“ zu setzen: „Berufungsinstanz“.

10. Als neue Tabelle ist die **Tabelle 2a (neu)** Seite 30 einzustellen.

Ges. v. 22. 5. 10 (RGBl. S. 767).

Tabelle 2a (neu).

Bürgerliche Rechtsstreitigkeiten.

Revisionsinstanz.

Wegen Anwendung der Tabelle siehe Seite 13.

Grundgebühr 15/10 der vollen Gebühr des § 9.

Wertklasse bis einschließlich	Grundgebühr	Von der Grundgebühr betragen					
		1½	1¼	6/10	5/10	3/10	2/10
ℳ	ℳ	ℳ	ℳ	ℳ	ℳ	ℳ	ℳ
1	2	3	4	5	6	7	8
20	3	4,50	3,75	1,80	1,50	1	1
60	4,50	6,75	5,63	2,70	2,25	1,35	1
120	6	9	7,50	3,60	3	1,80	1,20
200	10,50	15,75	13,13	6,30	5,25	3,15	2,10
300	15	22,50	18,75	9	7,50	4,50	3
450	21	31,50	26,25	12,60	10,50	6,30	4,20
650	28,50	42,75	35,63	17,10	14,25	8,55	5,70
900	36	54	45	21,60	18	10,80	7,20
1 200	42	63	52,50	25,20	21	12,60	8,40
1 600	48	72	60	28,80	24	14,40	9,60
2 100	54	81	67,50	32,40	27	16,20	10,80
2 700	60	90	75	36	30	18	12
3 400	66	99	82,50	39,60	33	19,80	13,20
4 300	72	108	90	43,20	36	21,60	14,40
5 400	78	117	97,50	46,80	39	23,40	15,60
6 700	84	126	105	50,40	42	25,20	16,80
8 200	90	135	112,50	54	45	27	18
10 000	96	144	120	57,60	48	28,80	19,20
12 000	102	153	127,50	61,20	51	30,60	20,40
14 000	108	162	135	64,80	54	32,40	21,60
16 000	114	171	142,50	68,40	57	34,20	22,80
18 000	120	180	150	72	60	36	24
20 000	126	189	157,50	75,60	63	37,80	25,20
22 000	132	198	165	79,20	66	39,60	26,40
24 000	138	207	172,50	82,80	69	41,40	27,60
26 000	144	216	180	86,40	72	43,20	28,80
28 000	150	225	187,50	90	75	45	30
30 000	156	234	195	93,60	78	46,80	31,20
32 000	162	243	202,50	97,20	81	48,60	32,40
34 000	168	252	210	100,80	84	50,40	33,60

Noch: Tabelle 2a (neu). — Bürgerliche Rechtsstreitigkeiten. Revisionsinstanz.

Wertklasse bis einschließlich	Grundgebühr	Von der Grundgebühr betragen					
		1½	1¼	6/10	5/10	3/10	2/10
ℳ	ℳ	ℳ	ℳ	ℳ	ℳ	ℳ	ℳ
1	2	3	4	5	6	7	8
36 000	174	261	217,50	104,40	87	52,20	34,80
38 000	180	270	225	108	90	54	36
40 000	186	279	232,50	111,60	93	55,80	37,20
42 000	192	288	240	115,20	96	57,60	38,40
44 000	198	297	247,50	118,80	99	59,40	39,60
46 000	204	306	255	122,40	102	61,20	40,80
48 000	210	315	262,50	126	105	63	42
50 000	216	324	270	129,60	108	64,80	43,20
52 000	220,50	330,75	275,63	132,30	110,25	66,15	44,10
54 000	225	337,50	281,25	135	112,50	67,50	45
56 000	229,50	344,25	286,88	137,70	114,75	68,85	45,90
58 000	234	351	292,50	140,40	117	70,20	46,80
60 000	238,50	357,75	298,13	143,10	119,25	71,55	47,70
62 000	243	364,50	303,75	145,80	121,50	72,90	48,60
64 000	247,50	371,25	309,38	148,50	123,75	74,25	49,50
66 000	252	378	315	151,20	126	75,60	50,40
68 000	256,50	384,75	320,63	153,90	128,25	76,95	51,30
70 000	261	391,50	326,25	156,60	130,50	78,30	52,20
72 000	265,50	398,25	331,88	159,30	132,75	79,65	53,10
74 000	270	405	337,50	162	135	81	54
76 000	274,50	411,75	343,13	164,70	137,25	82,35	54,90
78 000	279	418,50	348,75	167,40	139,50	83,70	55,80
80 000	283,50	425,25	354,38	170,10	141,75	85,05	56,70
82 000	288	432	360	172,80	144	86,40	57,60
84 000	292,50	438,75	365,63	175,50	146,25	87,75	58,50
86 000	297	445,50	371,25	178,20	148,50	89,10	59,40
88 000	301,50	452,25	376,88	180,90	150,75	90,45	60,30
90 000	306	459	382,50	183,60	153	91,80	61,20
92 000	310,50	465,75	388,13	186,30	155,25	93,15	62,10
94 000	315	472,50	393,75	189	157,50	94,50	63

Noch: Tabelle 2a (neu). — Bürgerliche Rechtsstreitigkeiten. Revisionsinstanz.

Wertklasse bis einschließlich ℳ	Grundgebühr ℳ	Von der Grundgebühr betragen					
		1 1/2 ℳ	1 1/4 ℳ	6/10 ℳ	5/10 ℳ	3/10 ℳ	2/10 ℳ
1	2	3	4	5	6	7	8
96 000	319,50	479,25	399,38	191,70	159,75	95,85	63,90
98 000	324	486	405	194,40	162	97,20	64,80
100 000	328,50	492,75	410,63	197,10	164,25	98,55	65,70
usw. **mehr** von weiteren je							
+ 2 000	+ 3	+ 4,50	+ 3,75	+ 1,80	+ 1,50	+ 0,90	+ 0,60
+ 4 000	+ 6	+ 9	+ 7,50	+ 3,60	+ 3	+ 1,80	+ 1,20
+ 6 000	+ 9	+ 13,50	+ 11,25	+ 5,40	+ 4,50	+ 2,70	+ 1,80
+ 8 000	+ 12	+ 18	+ 15	+ 7,20	+ 6	+ 3,60	+ 2,40
+ 10 000	+ 15	+ 22,50	+ 18,75	+ 9	+ 7,50	+ 4,50	+ 3
+ 20 000	+ 30	+ 45	+ 37,50	+18	+15	+ 9	+ 6
+ 30 000	+ 45	+ 67,50	+ 56,25	+27	+22,50	+13,50	+ 9
+ 40 000	+ 60	+ 90	+ 75	+36	+30	+18	+12
+ 50 000	+ 75	+112,50	+ 93,75	+45	+37,50	+22,50	+15
+ 60 000	+ 90	+135	+112,50	+54	+45	+27	+18
+ 70 000	+105	+157,50	+131,25	+63	+52,50	+31,50	+21
+ 80 000	+120	+180	+150	+72	+60	+36	+24
+ 90 000	+135	+202,50	+168,75	+81	+67,50	+40,50	+27
+ 100 000	+150	+225	+187,50	+90	+75	+45	+30
Stammsatz	178,50	267,75	223,13	107,10	89,25	53,55	35,70

Beispiel zur Berechnung bei Werten von mehr als 100 000 ℳ siehe Seite 9.